El Sermón del monte

(San Mateo 5 a 7)

José Young

Ediciones Crecimiento Cristiano
Córdoba 419
5903 Villa Nueva, Cba.
Argentina

Tel.: 0353 - 4912450

Ediciones Crecimiento Cristiano
se dedica a la enseñanza del mensaje
evangélico por medio de la literatura.

Primera edición: Febrero de 2004

I.S.B.N. 97-8950-9596- 92-4

Impreso en los talleres de Ediciones Crecimiento Cristiano

Diseño de Tapa: Ana Ruth Santacruz

IMPRESO EN ARGENTINA

VE10

Introducción

El sermón del monte es, tal vez, una de las porciones más conocidas del Nuevo Testamento... conocida, pero a la vez desconocida. Muchos toman sus palabras como moralejas, pero pocos ven en él las pautas para vivir como ciudadanos del reino de Dios, como verdaderos hijos de Dios. El mensaje es para los discípulos de Jesús, los que echaron su suerte en seguirle a él. Todos los discípulos eran judíos en esta etapa de la historia, realidad que ayuda a explicar algunos de los pasajes más difíciles. Tenían toda una formación del judaísmo tradicional, y como consecuencia, las palabras de Jesús ofrecían una alternativa radical al estilo de vida que experimentaban hasta ese momento.

Aquí tenemos de Jesús mismo, lo que significa ser ciudadano del reino de Dios. Todas las pautas del reino son muy prácticas, aunque imposibles de cumplir sin la obra del Espíritu de Dios en nosotros.

Recomendamos para su lectura el libro "Contracultura cristiana" de John Stott, un análisis muy agudo de estos pasajes.

He utilizado más de una versión de la Biblia en este estudio. Las abreviaturas que encontrará son las siguientes:

RV95 = Reina-Valera versión 1995
DHH = Dios habla hoy -Versión Popular
NVI = Nueva Versión Internacional

INDICE

1

Mateo 5.1-6

Se repite en estos versículos una palabra que a veces se traduce por "bienaventurados", otras veces por "dichosos". La palabra, en realidad, tiene un significado amplio y quiere decir "bendecido", "afortunado", "feliz".

Jesús nos da las pautas para recibir la bendición de Dios, para ser realmente felices. Y no debe sorprendernos que estas pautas contradicen lo que la sociedad llama "felicidad". Son las marcas, según el escritor John Stott, de la *contracultura* cristiana. Son las marcas del verdadero carácter cristiano.

Jesús se dirige a sus discípulos, a los que se han comprometido a seguirlo. Se sienta, como era la costumbre de aquel tiempo para un maestro, y les enseña.

¿Quiere la bendición de Dios? Pues, aquí está la receta.

1/ Según la sociedad en que vivimos actualmente, ¿quién es la persona realmente afortunada, feliz?

En contraste, Jesús dice que las personas que participarán en el reino de Dios son los "pobres en espíritu" (v. 3), los que reconocen su necesidad espiritual, los que reconocen que no son capaces de cumplir con lo que Dios exige.

2/ ¿Por qué será necesario ser "pobre en espíritu" para gozar del reino de Dios?

3/ ¿Cómo llega uno a ser "pobre en espíritu"?

4/ Explique cómo Lucas 18.10-14 nos ilustra este principio.

Los que lloran

"Felices los que lloran" (v. 4) es un contraste chocante. Por supuesto, en la cultura latinoamericana, el hombre "verdadero" no llora.

5/ Pero note Lucas 19.41 y Juan 11.35. ¿Quién lloró y por qué?

6/ ¿Cómo entiende usted el contraste que Pablo subraya en 2 Corintios 7.10?

Decir que el cristiano debe ser siempre alegre es omitir una dimensión importante de la vida cristiana. Porque la realidad es como describe el predicador de Eclesiastés:

...un tiempo para llorar, y un tiempo para reír; un tiempo para estar de luto, y un tiempo para saltar de gusto.. (Eclesiastés 3.4)

Si realmente nos conocemos a nosotros mismos y al mundo que nos rodea, lo más apropiado en ciertos momentos es llorar. Pero también tenemos una promesa. Como escribió Pablo:

Alabado sea el Dios y Padre de nuestro Señor Jesucristo, Padre de misericordia y Dios de toda consolación, quien nos consuela en todas nuestras tribulaciones para que con el mismo consuelo que de Dios hemos recibido, también nosotros podamos consolar a todos los que sufren. (2 Corintios 1.3 y 4 NVI)

Los mansos

El versículo 5 ofrece otro de esos contrastes chocantes. Todos sabemos que el mundo está lleno de "mansos", y que los poderosos los pisotean. Sin embargo, Jesús no está hablando de esa clase de "humildad". Está hablando de una condición de corazón, no una situación económica. Porque un pobre puede ser soberbio, y un rico, manso.

Jesús se llamó a sí mismo "manso" (Mateo 11.29). También Pablo habla de la humildad de Cristo en Filipenses 2.8. Sin embargo, estamos hablando del Rey de reyes, el Señor de todo, el Creador.

7/ ¿Cómo explica usted la "mansedumbre" de Jesucristo?

8/ Ya que somos discípulos de Jesús, ¿qué significa para nosotros ser "humildes"?

9/ En cuanto a "heredar la tierra",
   a) busque 2 Pedro 3.13 y Apocalipsis 21.1. ¿Qué
   van a heredar los "humildes"?

   b) ¿Implica Mateo 5.5 que si no somos humildes,
   no vamos a heredar la tierra? ¿por qué?

Los humildes no son los débiles. En realidad, ¡uno tiene que ser bien fuerte para humillarse!

10/ ¿Cómo, entonces, hemos de aplicar Santiago
   4.10 y 1 Pedro 5.6?

La justicia

Cuando buscamos la palabra "justicia" (v. 6) en un diccionario, vamos a encontrar varias acepciones de ella. Porque hay justicia (e injusticia) en todos los niveles del quehacer humano.

11/ Cuando Jesús habla de tener hambre y sed por la justicia, ¿a qué justicia se refiere?

Casi todos los que vivimos en la América Latina sentimos indignación por la falta de justicia en nuestra sociedad. Lo vemos en el padre que miente a su hijo, en el empleador que abusa de sus empleados, en los políticos que utilizan su posición para el provecho personal.

12/ Pero ¿cuál sería para usted la diferencia entre sentir indignación por la injusticia, y tener hambre y sed por la justicia?

Por supuesto, la tarea siempre debe comenzar en casa. No puedo imponer la justicia al mundo, pero sí puedo anhelar la justicia en mi propia vida. Y si realmente la anhelo, Dios me va a ayudar a vivirla, me va a "saciar" según Mateo 5.6.

13/ Pero vivir la justicia puede ser muy costoso. ¿Por qué?

Sí, la vida del discípulo de Jesucristo que toma en serio su fe, va a ser una vida radicalmente diferente, un contraste, una "luz" en un mundo oscuro. Oren para que Dios les dé la valentia para serlo.

2

Mateo 5.7-12

Aunque se puede traducir la palabra utilizada en estos versículos para "dichoso/bienaventurado" como "feliz", este pasaje va mucho más allá de la felicidad personal. Mejor dicho, nos marca dimensiones de la vida sana que Dios afirma en todo su libro. Son, como vimos en el versículo 1, pautas para los verdaderos discípulos de Jesucristo.

En algunas versiones del v. 7 se habla de "misericordia" y en otras de "compasión" (nota 1). Ambas palabras implican que hay una necesidad humana y que hacemos algo para aliviarla.

1/ ¿Qué diferencia existe entre tener lástima de una persona y mostrar compasión hacia esa persona?

2/ Los siguientes versículos nos afirman dos dimensiones de tener compasión o mostrar misericordia. Explique con sus propias palabras cómo nos ayudan a comprender lo que Dios pide de nosotros.

El sermón del monte

a/ Efesios 4.32

b/ Mateo 7.1 y 2

Corazón limpio

1 Timoteo 6.16 afirma que nadie ha visto a Dios ni lo puede ver. Sin embargo, el versículo 8 también nos afirma que ver a Dios es una posibilidad futura. La condición es tener un "corazón puro". Una cosa "pura" es la que no tiene ningún otro ingrediente. Y ese "otro ingrediente" no necesariamente tiene que ser algo malo, sucio. Si tomo un tanque de 100 litros de agua y agrego un solo cristal de sal, el agua ya no es pura.

3/ ¿Cómo aplicamos esto a la vida cristiana? Busque los siguentes versículos y dé su respuesta. Efesios 4.22; Filipenses 3.12-14; 1 Pedro 1.14-16

¿Quién puede subir al monte del Señor? ¿Quién puede permanecer en su santo templo? El que tiene las manos y la mente limpias de todo pecado... (Salmo 24.3 y 4a)

Pacificadores

Los "pacificadores" (versión RV95) son los que *hacen* la paz (otras versiones).

4/ ¿Por qué es especialmente apropiado que los pacificadores sean llamados "hijos de Dios"?

5/ ¿Es "paz" simplemente la ausencia de conflictos, o es algo más?

6/ ¿Qué, exactamente, hace un pacificador? ¿Cómo lo hace?

7/ Haga un resumen de los siguientes versículos: Romanos 12.18; Romanos 14.19; 2 Corintios 13.11.

La persecución

Los vv. 10 y 11 tratan el mismo tema: aunque busquemos la paz, hemos de encontrar conflicto.

8/ ¿Cuál es la diferencia entre ser "ofensivo" y ofender por ser fiel a Cristo?

9/ ¿Por qué el mensaje puede resultar ofensivo?

El versículo 11 habla de la persecución que viene por ser de Cristo, pero el versículo 10 a causa de la justicia.

10/ ¿Qué diferencia puede haber entre los dos?

Así ha de ser el discípulo de Jesucristo. Es uno que nada contra la corriente, que escoge el camino estrecho, que vive la "contracultura" del reino de Dios. Pero estos versículos son apenas una introducción al tema. Sigamos adelante.

Notas:

1 - Hay un exceso de interpretación en la DHH aquí, cuando dice "Dios tendrá compasión de ellos". Porque el versículo, en su original, dice simplemente que los que muestran compasión "serán tratados con compasión".

3

Mateo 5.13-16

Sal y luz... figuras que describen a los discípulos de Jesucristo. Los mansos, los pacificadores, los que tienen hambre y sed de la justicia tendrán su influencia en el mundo, aunque parezcan una minoría insignificante.

La sal es un elemento indispensable en nuestra dieta, además de dar sabor a la comida. En los días antiguos tuvo un rol sumamente importante en ayudar a preservar la carne.

1/ ¿De qué manera nosotros, los discípulos de Jesucristo, hemos de ser "sal" en el mundo?

2/ ¿Le parece que la iglesia de Jesucristo actualmente cumple esa función? ¿Qué de *su* iglesia?

La sal en el mundo antiguo no era pura. A veces era una mezcla de diferentes sales, y resultaba ser simplemente un polvo blanco parecido a la sal, pero sin su sabor.

3/ ¿De qué manera un discípulo de Jesucristo puede perder su "sabor"?

El cristiano sin "sabor" no sirve para nada, según Jesús. Pero tampoco la luz que no se ve.

4/ Jesús amplía su planteo sobre la luz con dos figuras. ¿Qué implica para la vida cristiana ser:

a/ "ciudad sobre una colina"?

b/ "lámpara bajo una canasta"?

La luz no "obra", simplemente es, simplemente brilla. Pero el versículo 16 dice que la gente alabará a Dios cuando vea nuestras "buenas obras" (NVI) o "el bien que hacen".

5/ ¿Qué obras deben ver?

6/ Vamos a la práctica. ¿De qué manera su iglesia puede ser luz y sal? No hablo de lo que están haciendo, sino lo que pueden y deben hacer.

Seamos lo que somos: sal y luz.

4

Mateo 5.17-20

Cuando Jesús habla de "la ley y los profetas", se refiere a todo lo que nosotros llamamos el "Antiguo Testamento".

Si buscamos las veces que Jesús o los apóstoles hablan de "la ley", veremos que citan casi todos los libros de la primera parte de nuestra Biblia.

Es importante recordar que Jesús está enseñando a los judíos, los que se jactaban de ser el pueblo de la ley de Dios. Pero lo que dice la ley y lo que ellos decían y practicaban, no siempre estaba de acuerdo. Jesús procede a enseñarles el verdadero sentido de la ley de Dios. Vemos que la ley antigua, la ley de Moisé, tenía unos propósitos claros.

1/ ¿Cuáles eran según:
Gálatas 3.19?

Romanos 3.20?

Romanos 3.19?

Gálatas 3.24?

Para el pueblo judío la ley era como la "constitución" de la nación, su código de leyes civiles. A la vez que detallaba su vida religiosa y relación con Dios.

Es algo parecido a lo que viven los musulmanes actualmente.

2/ Pero ¿cuál es el problema de vivir bajo la ley según Gálatas 3.10?

Se ve que es peligroso vivir sujeto a la ley. Pero Jesús dijo que no vino para anular la ley sino a "darle cumplimiento" (NVI). Pero también dijo que ni una letra ni un tilde desaparecería de la ley hasta se haya cumplido todo (ver nota 1).

3/ ¿De qué manera Jesús dio cumplimiento a la ley?

En realidad, hay una sola manera de escapar a la condenación de la ley, y la encontramos en Romanos 7.1-6.

4/ En resumen, ¿cuál es el planteo de Pablo en estos versículos?

Sabemos que los fariseos y maestros de la ley (escribas) eran los más exigentes en cumplir la ley. Sin embargo, Jesús afirma que si nuestra justicia no supera la de ellos, nunca entraremos en el reino de los cielos

5/ ¿Es posible que lo superemos? ¿Cómo?

Pablo afirma que la ley todavía tiene su valor si la usamos "legítimamente", correctamente (1 Timoteo 1.8).

6/ ¿Qué será utilizar la ley "correctamente"?

No, no estamos bajo la ley del Antiguo Testamento ahora. Pero Jesús dio un resumen de todo lo que exige la ley antigua en Marcos 12.30, 31.

7/ ¿Por qué podemos aceptar este resumen de la ley y no la ley misma?

Gracias a Dios que estamos bajo un nuevo pacto con nuevas exigencias, y que tenemos la ayuda del Espíritu de Dios para cumplirlas

Notas:

1 - Hay que recordar que el Antiguo Testamento, en su forma original, consiste solamente de consonantes, sin vocales. Para aclarar el significado del texto, se han agregado marcas ("jotas y tildes" en las versiones más literales), que son insignificantes, pero necesarias. Jesús insiste en que ni una de ellas puede modificarse.

5

Mateo 5.21-30

Sí, nuestra justicia debe superar la de los fariseos y maestros judíos (v. 20), porque no seguimos la letra de la ley, sino sus intenciones, sus principios. Con estos versículos, Jesús comienza a aclarar las raíces mismas de los mandamientos de Dios. El autor de la ley explica la esencia de la ley.

El primer ejemplo trata sobre el homicidio (ver nota 1). Se pueden dividir los vv. 21-26 en tres temas relacionados.

1/ En los vv. 21-22 vemos tres pasos, cada uno más grave que el anterior. ¿Por qué el insultar al hermano gravemente merece el infierno?

En los versículos 23 y 24 tenemos dos temas: El ofrendar a Dios, y el hermano que tiene algo contra nosotros.

2/ ¿Qué tiene que ver el uno con el otro?

Tres veces en los vv. 21-24 habla del "hermano", pero los vv. 25 y 26 hablan del "adversario", el que nos lleva a juicio. Y el ejemplo que nos da el Señor tiene toda la razón: Cuando tenemos que elegir entre ponernos de acuerdo con ese "adversario" o ir frente a los tribunales, siempre es mejor lo primero.

3/ ¿Cómo <u>aplicamos</u> este ejemplo del Señor de los vv. 25 y 26?

4/ ¿Pero cómo debo manejar la situación si la acusación de mi hermano es injusta, si no es cierto?

Los que viven bajo la ley se jactan que "nunca he matado a nadie", pero no se dan cuenta que la voluntad de Dios es algo mucho más profundo. Porque "si alguno dice: <Yo amo a Dios>, pero odia a su hermano, es mentiroso, pues el que no ama a su hermano a quien ha visto, no puede amar a Dios a quien no ha visto." (1 Juan 4.20)

Versículos 27-30

El problema que tenemos nosotros los hombres (no puedo hablar por las mujeres) es que los ojos nunca están satisfechos (Proverbios 27.20, versión RV o NVI). Aunque el mirar no es el problema, sino lo que hacemos con esa mirada. Note como Santiago maneja el tema (Santiago 1.14 y 15).

En todo este discurso, el Señor enfatiza que nuestro problema fundamental no son las acciones, sino el corazón (Marcos 7.21-23). Y condena fuertemente a esa clase de religiosidad que aparenta la piedad en lo externo, mientras ignora la mente y el corazón enfermos.

El v. 29 comienza con "Por tanto...", "Así que...". Es decir, es una conclusión. Pero si la raíz del odio y la inmoralidad es el corazón, ¿por qué Jesús señala a los ojos y las manos como "culpables"?

5/ ¿Qué le parece?

6/ Pero, suponiendo que vamos al extremo que indica Jesús, es decir, sacamos los ojos y cortamos las manos, ¿será una solución al problema? ¿Por qué?

7/ ¿Cómo, entonces, debemos aplicar los vv. 29 y 30?

El Señor llamó "hipócritas" a los fariseos, porque pretendían una santidad que era una postura externa, pero que no penetraba al corazón. Lamentablemente, es fácil aparentar ser religioso. Sugiero que el grupo termine su sesión pidiendo a Dios la valentía de ser íntegros, cristianos de "corazón".

Notas:

1 - Los comentaristas están de acuerdo de que "no matarás" tiene que ver con el homicidio, ya que la misma ley de Dios indica situaciones en las cuales es necesario "matar".

6

Mateo 5.31-37

El tema del divorcio es complicado y causa de mucha polémica. La relación matrimonial nunca es fácil, pero es una tragedia cuando termina en discordia y amargura.

No hay acuerdo entre los creyentes, y ni los mismos judíos estaban unidos sobre el tema. El Rabí Shammai, por ejemplo, enseñó que el divorcio se permite solamente en casos extremos, mientras el Rabí Hillel permitía el divorcio por casi cualquier razón (nota 1).

Desde Mateo 5.21 hasta el final del capítulo, cada sección comienza con "Ustedes han oído que se dijo...". Y en cada caso, Jesús da su propia explicación de lo que ellos habían oído.

Deuteronomio 24.1,2 habla de la regla para el divorcio en la ley.

1/ ¿Qué diferencia hay entre lo que dijo Moisés y lo que dijo Jesús?

Aunque ellos se preocupaban por las *causas* de separación, Jesús se preocupó por el propósito original de Dios cuando creó el matrimonio. (Génesis 2.24).

Jesús no contradice la regla de Moisés, es decir, acepta la posibilidad del divorcio.

2/ Según Mateo 19.3-9 ¿por qué Jesús no prohibe el divorcio?

Jesús aquí habla del divorcio seguido por un segundo matrimonio. Aparentemente no lo acepta. Pero hay una excepción (Nota 2).

3/ ¿Por qué en esos casos (versículo 32) puede haber una excepción a un segundo matrimonio? (Nota 3)

Versículos 33-37

"También han oído..." dijo Jesús y esta vez habla del juramento. El "jurar" en aquel contexto tuvo una profunda dimensión religiosa.

4/ En base a Levítico 19.12, Números 30.2 y Deuteronomio 23.21, ¿cómo era la ley del juramento? (Nota 4)

Pero pensemos en el juramente en <u>nuestro</u> contexto. Piensen en dos casos:

a - Juan responde a su madre acerca de la ventana rota en la casa: "Te juro, mamá, no lo hice".
b - La nueva autoridad elegida jura cumplir con las obligaciones de la ley.

5/ ¿Son diferentes o no? Explique sus razones.

Algunas personas y aun grupos (Testigos de Jehová), en base a Santiago 5.12, rehusan jurar a la bandera o por asumir una responsabilidad con el gobierno (como el servicio militar).

6/ ¿Está de acuerdo, o no? ¿Por qué?

Que el Señor nos ayude a ser fieles en nuestras relaciones y con nuestras palabras.

Notas:

1 - Por ejemplo, si la esposa resultó ser una mala cocinera, o si el esposo encontró a otra mujer más "atractiva", ya era motivo para el divorcio.

2 - La palabra que Jesús utiliza en 5.32 y 19.9 es *porneia*, que se traduce comúnmente por palabras como "fornicación", y es una palabra amplia que incluye infidelidad sexual en todas sus formas.

3 - Algunas versiones de la Biblia (como la DHH) traduce la palabra "fornicación" por "una unión ilegal", que refiere a Deuteronomio 18.6-18. Pero es muy difícil pensar que una persona puede estar involucrado en una unión de esa clase y solamente darse cuenta después del matrimonio. Creo que la versión NVI es mas correcta cuando dice "infidelidad matrimonial".

4 - Los fariseos, con toda una serie de argumentos, afirmaban que jurar en nombre de Dios era obligación, pero que no era tan obligatorio cumplir con el juramento que no incluía el nombre de Dios. Por ejemplo, jurar por el altar del templo.

Números 30.2 menciona dos "formas" de juramento. Uno es positivo, el otro negativo. El primero jura "Voy a hacer tal cosa.". El segundo jura "No voy a hacer tal cosa.".

7

Mateo 5.38-48

L legamos a una serie de afirmaciones que son claras, pero nada fáciles de interpretar o aplicar. Es el problema de siempre: las reglas del reino de Dios tienen poca semejanza a las reglas de los reinos del mundo.

El v. 38 está tomado de Éxodo 21, y puede entenderse de dos maneras. Algunos ven en esta ley una forma de justicia que exige el pago parejo por un daño. Por ejemplo, si me rompe el brazo, tengo el derecho de romperle el brazo.

La otra manera de tomar este mandato es como una limitación. Quería evitar los excesos como la jactancia de Lamec en Génesis 4.23 y 24:

> "Maté a un hombre por haberme herido,
> y a un muchacho por golpearme.
> Si Caín será vengado siete veces,
> setenta y siete veces será vengado Lamec.

En este caso, la ley prohibe la venganza en exceso. Pero no debe sorprendernos que Jesús no esté de acuerdo con ninguna de las dos interpretaciones.

Pero vamos a la práctica. Supongamos que tiene un amigo que siempre le pide cosas prestadas. Las rompe, nunca las devuelve, sigue pidiendo cosas.

En este caso, hay varias reacciones posibles:

a) Insistir que pague lo que rompió o no devolvió.
b) Nunca más prestarle algo.
c) Seguir dándole lo que pide.

1/ ¿Cuál de estas reacciones le parece mejor? ¿Puede pensar en otra más apropiada?

Es cierto que este pasaje nos ayuda a tener una actitud correcta hacia las posesiones. Pero a la vez parece apoyar a los aprovechadores y "mendigos profesionales". ¿Debemos dar a cualquiera todo lo que pide?

2/ ¿Qué le parece? ¿Podemos interpretar este pasaje como "una invitación al abuso"?

Como seguramente han visto al responder a la pregunta anterior, el tema no es fácil.

3/ En resumen, ¿cómo aplicamos este planteo de Jesús hoy en día? Busque también a Romanos 12.17, 1 Corintios 6.7 y 1 Pedro 2.23.

"Amar al enemigo" parece una contradicción. Según el Diccionario de la Lengua Española, el enemigo es "el que tiene mala voluntad hacia otro y le desea o hace mal". "Amar al prójimo" es una cosa que podemos manejar, pero ¿"amar al enemigo..."? Pero vamos por partes. (ver nota 1)

4/ Según la definición de "enemigo" anotado arriba, ¿usted tiene enemigos? ¿A *quién* debe amar?

5/ ¿El amar es una emoción, un estado de ánimo, o qué? ¿Qué es *amar* al enemigo?

6/ ¿Qué motivos nos da Jesús para amar al enemigo? Hay por lo menos dos en el pasaje.

7/ ¿Cómo se siente personalmente frente a este pasaje (versículos 38-48)? ¿Desanimado, frustrado, culpable... o qué?

El v. 48 es uno de esos desafíos enormes que encontramos cada tanto en la Biblia, como por ejemplo, 1 Pedro 1.16. Humanamente, son imposibles de cumplir. Sin embargo, enfatizan lo que Dios busca en nosotros: la excelencia. La meta de Dios es que seamos como su Hijo Jesucristo. Él no acepta menos, y tampoco nosotros debemos aceptar menos.

Notas:

1 - La versión Reina-Valera incluye unas expresiones en el v. 44 que los comentaristas y las versiones más modernas de la Biblia omiten. Afirman que no aparecen en varios de los manuscritos originales más importantes.

Por ejemplo, las versiones más antiguas dicen:

"Pero yo os digo: Amad a vuestros enemigos, bendecid a los que os maldicen, haced bien a los que os odian y orad por lo que os ultrajan y os persiguen..."

Pero (como afirma la nota al pie de página de la versión 1995 de la Reina-Valera), el v. 44 debe decir simplemente:

"Amad a vuestros enemigos y orad por los que os persiguen".

8

Mateo 6.1-6, 16-18

Vamos a dividir el capítulo en dos partes separadas para poder dedicar un estudio entero a los vv. 7-15, el "Padre nuestro".

1/ Tres veces en estos versículos el Señor habla de los "hipócritas". En base a estos pasajes, defina a un "hipócrita".

En los tres ejemplos que el Señor nos ofrece, insiste que no debemos practicar nuestra religión para que la gente nos vea. Sin embargo en 5.14 dijo que somos "luz" y que debemos hacer las cosas para que la gente nos vea.

2/ ¿Cómo resuelve el conflicto entre estas posiciones?

Note también que seis veces Jesús habla de "premios" o "recompensas". Uno que podemos recibir ahora y el otro que nuestro Padre puede darnos en el futuro.

3/ ¿Qué serán esas dos clases de premios? ¿De qué está hablando?

El Nuevo Testamento habla mucho de la necesidad de ayudar a los necesitados, y especialmente a los de la familia de Dios. Pero en el v. 3 dice, literalmente, que no sepa nuestra mano izquierda lo que hace la derecha.

4/ ¿Cómo aplicamos este principio a la tarea de ayudar a los necesitados, a nivel personal y a nivel de iglesia?

Los hipócritas en los tiempos de Jesús oraban en lugares públicos para que la gente viera su religiosidad.

5/ ¿Existe esa clase de "hipócritas" actualmente?

6/ Los primeros cristianos practicaban el ayuno, pero hoy en día no es tan común.

a/ ¿Cuál es el propósito del ayuno?

b/ ¿Por qué es importante que sea algo hecho en secreto?

7/ En resumen, ¿a qué conclusión deben llevarnos estos pasajes?

Demasiadas veces los peores enemigos de los cristianos somos nosotros mismos. Cuando la gente desprecia a los evangélicos por ser hipócritas, es que tienen suficientes ejemplos ciertos. El orgullo, la soberbia, la necesidad de figurar, de ser visto, son pecados demasiados comunes entre nosotros.

9

Mateo 6.7-15

Cuando uno conoce varias congregaciones diferentes de creyentes, se da cuenta que no hay una sola forma en que oran los cristianos. De un extremo son los que oran en silencio, y del otro son los que oran a los gritos. El Señor ya nos dio una pauta (vv. 5-6), y aquí nos da otra.

1/ **Pero, si es cierto que Dios sabe lo que necesitamos antes de que lo pidamos (v.8), entonces ¿para qué orar?**

Además, dice el Señor que no debemos repetir "palabras inútiles", o hacer "vanas repeticiones", como lo hacen los paganos en la oración.

2/ **¿A qué apunta el Señor? ¿Qué aplicación puede tener para nosotros o nuestra iglesia?**

El modelo de oración que comunmente se llama el "Padre nuestro" se repite en Lucas 11, pero en forma más abreviada. Es muy probable que Jesús enseñó esta oración varias veces, y no siempre en la misma forma. Lo cual sugiere que no es una oración para memorizar y rezar, sino un modelo de brevedad y reflexión que responde a los versículos anteriores.

Note que podemos dividir la oración en 3 y 3: tres expresiones relacionadas con Dios, y tres con nosotros (ver nota 1).

Dios

3/ ¿Qué estamos pidiendo cuando decimos "santificado sea tu nombre"?

4/ ¿Por qué pedir "que venga tu reino", si Dios ya ha prometido que vendrá?

El sermón del monte

5/ ¿Qué pasaría aquí si Dios hiciera su voluntad en la tierra como la hace en el cielo?

Nosotros

Es muy probable que el grupo que está haciendo este cuaderno no sufre de hambre. Sin embargo, es importante que pidamos nuestro pan de cada día. Como vimos en la primera pregunta, es importante que aprendamos a depender de Dios en todas las dimensiones de nuestra vida y reconocer con gratitud su presencia.

El v. 12 hace un planteo difícil. Porque implica que Dios no nos perdona a menos que nosotros perdonemos a otros. Los versículos 14 y 15 efectivamente dicen lo mismo (ver nota 2).

6/ ¿Por qué el perdón de Dios está tan relacionado con nuestra disposición para perdonar?

En cuanto al versículo 13, sabemos dos cosas. Primero, que Dios no nos tienta (Santiago 1.13). Es cierto que estamos rodeados de tentaciones, pero no podemos echar la culpa de ellas a Dios. Y segundo, varias veces las Escrituras dicen que las pruebas y los sufrimientos ¡nos hacen bien! (Santiago 1.2, Romanos 5.3) (Nota 3)

7/ Si es así, entonces ¿qué quiere decir el v. 13?

8/ Si esta oración es un modelo ("ustedes deben orar así"), ¿cómo la aplicamos a nuestras oraciones?

Sugiero que terminen su sesión de estudio orando, pensando en el modelo que nos dejó el Señor.

Notas

1 - La expresión "porque tuyo es el Reino, el poder y la gloria, por todos los siglos. Amén" no se encuentra en muchos manuscritos importantes. Por esta razón los estudiosos de la Biblia piensan que fue agregado en un tiempo posterior. Las traducciones modernas omiten la expresión.

2 - La expresión "perdonar nuestras deudas" que encontramos en la versión Reina-Valera y otras versiones antiguas, es un forma hebrea de decir "perdonar nuestros pecados".

3 - Es importante reconocer que la palabra traducida "tentación" (Mateo 6.13 y 1 Corintios 10.13 NVI) es la misma que se traduce por "prueba" (Santiago 1.2 y 1 Corintios 10.13 RV). Es decir que "prueba" en este caso no es algo que se sufre sino algo como una comprobación de nuestra fe, una cosa que atrae pero que no nos conviene.

La palabra en Romanos 5.3 es otra que significa sufrimiento.

10

Mateo 6.19-34

Una de las características principales del mundo moderno es que es un negocio grande. No se evalúa a la persona por lo que es, sino por lo que tiene. La preocupación principal de las naciones es el "crecimiento". Pero no un crecimiento en justicia o bienestar de la gente, sino en ventas. El "éxito" se mide en términos del crecimiento económico.

A la luz de este contexto en que vivimos, las palabras de Jesús son chocantes, completamente fuera de la realidad. Para la gran mayoría de la gente, la felicidad se mide en dólares, o euros, o pesos , y en su seguridad material.

Pero el Señor habla de dos clases de "tesoros", de dos clases de valores (vv. 19-21). De uno de ellos, el "terrenal", tenemos experiencia (ver nota 1).

1/ Pero ¿qué significan los "tesoros (riquezas) en el cielo"?

2/ ¿Qué quiere decir el v. 21?

3/ Hay predicadores que afirman que Dios quiere que seamos prósperos, ricos económicamente.

a) ¿Está de acuerdo? ¿Hay pasajes bíblicos que afirman lo mismo?

b) ¿Cómo evalua este planteo (prosperidad) a la luz de los vv. 19-21?

El v. 22 es una figura hebrea, pero comprensible en nuestro tiempo. La manera en que vivimos depende mucho en como "vemos" las cosas. Tito 1.15 es un buen comentario sobre este versículo.

4/ ¿Cómo podemos aplicar estos versículos (22 y 23) al tema de las riquezas?

Juan comenzó a trabajar para la empresa Pérez cuando era todavía joven. Era creyente, y siempre trabajaba bien y con honestidad. Al pasar los años, la empresa reconoció su integridad y le encargó la gerencia del departamento de producción. Como consecuencia, recibió un sueldo importante.

5/ ¿Qué efectos puede tener esto en la vida de Juan?

No es difícil comprender los versículos 25-34. Pero cuando pensamos en su aplicación, surgen varios problemas.

6/ Una de las palabras claves de esta sección es "preocuparse", o "angustiarse" (según la versión de la Biblia que se use).

a/ ¿Cuántas veces aparece en el pasaje?

b/ En esencia, ¿por qué no debemos preocuparnos?

7/ Noten los versículos 25 y 34. ¿Implican estos versículos que no debemos planificar para el futuro? Como, por ejemplo, que no hace falta estudiar.

En este mundo actual hay muchas personas, y entre ellas hermanos nuestros, que viven en la miseria. Les falta todo.

8/ ¿Cómo entendemos esta situación frente al versículo 33?

9/ ¿Qué implica toda esta sección (vv. 19-34) para su vida personal?

10/ Este planteo del Señor ¿tiene alguna relación con la vida de la iglesia?

Notas:

1 - Acumular "cosas" era muy riesgoso en aquellos días. Las ratas, los insectos y el moho destruían los granos. La polilla comía las telas. Ya que la mayoría de las casas eran de adobe, un ladrón podía cavar un hueco en la pared y entrar fácilmente.

11

Mateo 7.1-6

Jesús dijo que no debemos juzgar, y tiene razón. Pero la palabra "juzgar" no es una "mala" palabra. El término original en griego (κριvo) tiene un significado muy amplio. Puede significar "condenar", "decidir", "determinar", "considerar", etc.

Por ejemplo, hay muchos pasajes que indican que existen situaciones en las cuales *debemos* juzgar.

1/ Por ejemplo, ¿qué debemos juzgar según los siguientes pasajes?

a/ Lucas 12.57

b/ Juan 7.24

c/ 1 Corintios 6.5

Es decir, hay situaciones en que debemos utilizar discernimiento, que debemos evaluar, y en ese sentido, juzgar. Pero también hay situaciones donde **no** debemos juzgar.

2/ ¿Cómo podemos distinguir entre estas dos clases de situaciones?

3/ En cuanto a los versículos 4 y 5, ¿cuándo y cómo podemos saber si estamos en condiciones de ayudar al hermano a sacar "la astilla" de su ojo?

4/ Note Gálatas 6.1. Si intentamos sacar la astilla del ojo del hermano, ¿cómo debemos hacerlo?

Además de lo que dice Jesús aquí en Mateo, hay muchos pasajes del Nuevo Testamento que nos instan a no juzgar en el sentido de criticar, de condenar, e indican buenas razones de por qué.

Hay por lo menos cuatro razones por qué no debemos juzgar a nuestros hermanos.

5/ La primera se encuentra en Santiago 5.9. Explique con sus propias palabras la razón por la cual no debemos juzgar a nuestros hermanos.

6/ La segunda razón se encuentra en Juan 8.7. Nuevamente, explique la razón implícita en estos versículos.

7/ La tercera razón se encuentra en Romanos 14.4 y Santiago 4.12. Explique la razón.

8/ La cuarta razón viene del testimonio de Pablo en 1 Corintios 4.3-5. ¿Cómo aplicamos estos versículos al tema que estamos considerando?

El v. 6 es muy difícil. Para los judíos, tanto el perro como el chancho eran animales impuros, sucios, evitados. No se trata del perro doméstico sino del callejero, el salvaje, el animal de rapiña. Jesús se refiere, obviamente, a cierta clase de gente.

9/ Busque Proverbios 9.7 y 8 y 23.9. ¿Cómo nos ayudan a aplicar este versículo?

10/ ¿Ha experimentado, o ha conocido una situación semejante? Cuéntela.

En realidad, el tema de este pasaje (Mateo 7.1-6) subraya un problema demasiado común en las iglesias. Un buen porcentaje de las "crisis eclesiásticas" son resultado de la crítica, el juicio apresurado, el chisme.

Que el Señor nos ayude a aplicar Santiago 1.26 a lo que el Señor dice aquí.

12

Mateo 7.7-12

Uno de los privilegios más grandes que tenemos como discípulos de Jesucristo es el de poder hablar con Dios y saber que él nos escucha. El privilegio de un hijo adoptado que lo recibió de un Padre que le ama mucho.

1/ **¿Qué nos enseñan los vv. 7 y 8 acerca de** *cómo* **debemos orar?**

2/ **¿Por qué insistir tanto si Dios ya sabe lo que vamos a pedir?**

3/ ¿Implican estos versículos que podemos pedir cualquier cosa, no importa lo que sea, y lo hemos de recibir? Dé la razón bíblica de su respuesta.

El ejemplo de los versículos 9-11 es bien claro. Gracias a Dios que tenemos un Padre que nos cuida y nos da lo bueno. Si pedimos una cosa buena, nos dará lo bueno. El problema es que no siempre estamos en condiciones de distinguir entre lo "bueno" y lo "malo". Es una capacidad que acompaña un nivel de madurez que no todos hemos logrado (Hebreos 5.14).

Las cosas que menciona Jesús son simples, el alimento necesario: pan y pescado.

4/ Pero supongamos que a la hora de cenar el hijo pide helado y torta de chocolate, en vez de pan y pescado. ¿Cómo aplicaría usted los vv. 9-11 a esa situación?

Es común llamar al v. 12 "la regla de oro", y muchos que no pretenden ser cristianos lo ofrecen como regla de conducta. Y, aparentemente, era conocida entre las naciones paganas de esa época, pero en su forma negativa: "No hagan con otros lo que no quieran que ellos hagan con ustedes."

5/ Las dos formas de "la regla de oro" ¿son iguales en esencia, o no? ¿Por qué?

El pasaje termina diciendo que "la regla de oro" es un resumen de la ley y los profetas. Pero no es la única vez que lo dijo. Dijo lo mismo en Mateo 22.37-40. En ambos casos, afirmó que es un resumen de la ley y los profetas.

6/ ¿Es este pasaje equivalente del otro?

7/ En resumen, ¿Cuál es la lección principal de estos 6 versículos?

Ser ciudadano del reino de Dios implica vivir una vida que es difícil en muchos sentidos. Porque el Rey nos ha presentado caso tras caso de contrastes entre el pensamiento del mundo que nos rodea y el del reino. No es fácil ser pato en un gallinero; no es fácil ser discípulo de Jesucristo en un mundo dominado por Satanás.

Pero... ¿hay alternativas que valgan la pena?

13

Mateo 7.13-20

Dos puertas, dos caminos, dos clases de animales, dos clases de árboles. El Señor nos confronta con una lista de alternativas. Pero vamos por partes.

El evangelio es buena noticia porque Dios nos ofrece su salvación amplia y gratuitamente. No la podemos ganar, es por la fe y la gracia de Dios.

1/ Sin embargo, Jesús dice que la puerta de entrada al reino es "angosta" y "difícil" (Nota 1) ¿Por qué no es fácil entrar por ella?

Se ha dicho que: "La vida cristiana no resuelve todos nuestros problemas; al contrario, ¡nos da nuevos problemas!"

2/ ¿Qué opina de esa afirmación?

Jesús dijo que son pocos los que entran por la puerta estrecha y encuentran el camino hacia la vida. Pero ¿por qué son pocos actualmente? Unas posibles razones son las siguientes:

a - Han observado que la puerta y el camino son difíciles y no quieren pagar el precio.

b - Nos han observado a nosotros, los creyentes, y han pensado: "Si esos son los cristianos, no quiero saber nada de su religión."

c - Simplemente no se dieron cuenta de la existencia de la puerta angosta.

3/ ¿Qué opina usted de estas posibilidades? ¿Puede pensar en otra?

Jesús dijo que podemos reconocer a los profetas falsos tal como reconocemos al árbol por su fruto. Pero el profeta es "falso" porque su mensaje o sus propósitos no son correctos. Por ejemplo, en la época del Antiguo Testamento eran falsos cuando proclamaban "paz, paz", cuando en verdad Dios había dictado castigo para el pueblo (por ejemplo, Jeremías 6.13 y 14).

4/ Jesús dijo que los profetas falsos ("mentirosos" según la DHH) venían disfrazados de ovejas. ¿Qué disfraz utilizan hoy?

El Señor dice que podemos reconocer a los falsos profetas por su "fruto".

5/ ¿De qué fruto habla?

6/ ¿Cómo entiende el versículo 19?

Dos puertas, dos caminos y dos destinos. Y peor, la puerta a la vida está obstaculizada por lobos disfrazados. Dios no nos llama a ser "creyentes" simplemente, sino discípulos de su Hijo. Y el Señor tiene razón: hay pocos que logran serlo.

Notas:

1 - La palabra en griego tiene la idea de "restringido", y por esta razón la versión DHH dice que la entrada es "difícil".

14

Mateo 7.21-29

Terminamos con dos planteos que realmente son advertencias. No todos entran al reino porque no todos toman las decisiones correctas, no todos están dispuestos a pagar el precio.

Lo insólito del primer planteo (vv. 21-23) es que habla de personas que actualmente pensaríamos que son buenos cristianos.

1/ ¿Le parece que sería posible hacer lo que hacían las personas del v. 22 *sin* ser verdaderos cristianos? Explique.

2/ Jesús dice que el problema es que no hacen la voluntad de su Padre. ¿Qué puede ser lo que no hacen?

3/ ¿Qué tienen en común las dos personas de los vv. 24-27?

4/ ¿Cuál es la única diferencia entre ellas?

Ahora, una vez terminadas las dos casas, hubiera sido muy difícil ver esa diferencia. Lo mismo puede pasar en la vida cristiana. Puede haber dos personas que igualmente aparenten ser buenos "creyentes". Sin embargo, hay algo que las distingue.

5/ ¿Cuándo y cómo podemos darnos cuenta de la diferencia?

La gente reconoció que Jesús enseñaba de una manera diferente. Hablaba con autoridad propia. No apelaba a nadie, sino al Padre, porque podía hablar como el autor de la ley de Dios.

Vez tras vez en este "sermón", Jesús ha destacado el abismo que existe entre el pensamiento del mundo y el del reino de Dios. Y nos ha enfrentado con decisiones que necesariamente tenemos que tomar.

6/ En pocas palabras, ¿qué nos dice Jesús acerca de los siguientes temas en todo el sermón?

a/ La verdadera felicidad.

b/ Nuestro testimonio en el mundo.

c/ La ley de Dios.

d/ El matrimonio.

e/ Nuestra palabra.

f/ La oración.

g/ Nuestras posesiones y preocupaciones.

h/ La relación entre los hermanos en Cristo.

i/ Nuestra obedencia a Dios.

7/ ¿Hay algo que ha encontrado en este estudio que necesita cambiar en su propia vida? ¿Hay algo que le ha estimulado especialmente? ¿Puede compartirlo?

El título que John Stott dio a su libro "Contracultura cristiana" es una buena síntesis de este estudio. Vez tras vez Jesús dijo "Ustedes han oído, pero yo les digo..." El mensaje de Jesús en esa época es la misma que necesitamos hoy. Hemos oído muchas cosas... estamos rodeados de interpretaciónes de la vida cristiana. Pero hay una sola voz que lleva a la vida. Debemos, necesitamos forjar una contracultura en nuestras vidas, nuestros hogares y aun nuestras iglesias.

Que Dios nos ayude.

Cómo utilizar este cuaderno

Estos cuadernos son guías de estudio, es decir, su propósito es guiarle a usted para que haga su propio estudio del tema o libro de la Biblia que desarrolla este material.

El cuaderno propone un diálogo. En él introducimos el tema, sugerimos cómo proceder con la investigación, comentamos, pero también preguntamos. Los espacios después de las preguntas son para que usted anote su respuesta a ellas.

Esperamos que, por medio del diálogo, le ayudemos a forjar su propia comprensión del tema. No de segunda mano, como cuando se escucha un sermón, sino como fruto de su propia lectura e investigación.

¿Cómo hacer el estudio?

1 - Antes de comenzar, ore. Pida ayuda a Dios, que le hable y le dé comprensión durante su estudio.

2 - Se deben leer los pasajes bíblicos más de una vez y preguntarse: ¿Qué dice el autor? Aunque muchos utilizan la versión Reina-Valera de la Biblia, conviene tener otra versión o versiones disponibles para comparar los pasajes entre las dos. La "Versión popular" y la "Nueva versión internacional" le pueden ayudar a ver el pasaje con más claridad.

3 - Siga con la lectura de la lección. Responda lo mejor que pueda a las preguntas.

4 - Evite la tendencia de "apurarse para terminar". Es mejor avanzar lentamente, pensando, preguntando, aclarando.

En grupo

El estudio personal es de mucho valor pero se multiplican los beneficios si lo acompaña con el estudio en grupo. Un grupode hasta 8 personas es lo ideal. Pero, puede ser que el grupo esté formado por usted y una persona más, aun así, es mejor que estudiar solo.

En realidad, estos cuadernos han sido diseñados con ese motivo: estimular el estudio en células, en grupos pequeños. La manera de hacerlo es fácil:

1 - Usted hace en forma personal una de las lecciones del cuaderno. Aun cuando pueda haber cosas que no entienda bien, haga el mayor esfuerzo posible para completar la lección.

2 - Luego se reune con su grupo. En el grupo comparten entre todos las respuestas de cada pregunta. Puede ser que no tengan las mismas respuestas, pero comparando entre todos las van aclarando y corrigiendo.

Es durante este compartir semanal de una hora y media, este diálogo entre todos, donde se encuentra la verdadera riqueza que nos provée esta forma de estudio.

3 - Evite salirse del tema. El tiempo es oro, y lo más importante es enfocar todo el esfuerzo del grupo en el tema de la lección. Luego, pueden dedicar tiempo para conocerse más y tener un rato social.

4 - Participe. Todos deben participar. La riqueza del trabajo en grupo es justamente eso.

5 - Escuche. Hay una tendencia de apurar nuestras propias opiniones sin permitir que el otro termine. Vamos a aprender de cada uno, aun de los que, según nuestra opinión, están equivocados.

6 - No domine la discusión. Puede ser que usted tenga todas las respuestas correctas, sin embargo es importante dar lugar a todos, y estimular a los tímidos a participar. No se trata de sobresalir, sino de compartir aprendiendo juntos.

Si en el grupo no hay una persona con experienca en

coordinarlo, se puede encontrar ayuda para dirigir un grupo en:

1 - Nuestra página web, www.edicionescc.com. La sección "Capacitación" ofrece una explicación breve del método de estudio.
2 - En las últimas páginas de nuestro catálogo se ofrece también una orientación.
3 - El cuaderno titulado "Células y otros grupos pequeños" es un curso de capacitación para los que desean aprender cómo coordinar un grupo.
4 - Hay algunas guías que disponen de un cuaderno de sugerencias para el coordinador del grupo.

Finalmente diremos que el cuaderno es una guia, una ayuda para estimular su propio pensamiento, no un comentario ni un sermón. Le marcamos el camino, pero usted lo tiene que seguir. Si es coordinador de grupo, puede solicitar un manual con sugerencias y comentarios de las preguntas.

Que el Señor lo acompañe en esta tarea y si necesita ayuda, comuníquese con nosotros. Estamos para servirle.

Se terminó de imprimir en
Talleres Gráficos de
Ediciones CC
Córdoba 419 - Villa Nueva, Pcia de Córdoba
Febrero del 2014
IMPRESO EN ARGENTINA

El sermón del monte